GUÍA PARA PETARLO (SIN FLIPARTE) EN REDES SOCIALES

ÍNDICE DE CONTENIDOS

Contenido

EL ARRANQUE

¿QUIÉN SOY?

¿Quién soy? Como no tenía a nadie que me hiciera un prólogo para unos apuntes (sería demasiado pedante, incluso) le he preguntado a Chat GPT a ver quién soy y me ha puesto esto:

Santiago Liébana Rado es un autor y profesional del fitness. Ha escrito varios libros, entre los que destacan "Chistes para picarte con tu cuñado a ver quién tiene menos gracia" y "Manual Miserable para la Creación de Chistes." Además, trabaja como Director Técnico en SectorFitness European Academy, donde comparte su experiencia en actividades físicas y entrenamientos.

Pero claro, habla mucho de etapas en el sector del fitness y poco como cómico monologuista, a ver qué cuenta sobre eso:

Santi Liébana es un monologuista y cómico español destacado por su estilo de observación y comedia basada en experiencias personales. Con más de 250 actuaciones tanto dentro como fuera de Mallorca, Santi combina monólogos, diapositivas y gags en sus shows, como su propuesta "Vengo a Mantener", donde cuenta anécdotas de sus 20 años en el mundo del fitness y otras experiencias de vida. Además, es el creador del "Manual Miserable" para cómicos novatos y presidente de la Asociación Mallorca Open Mic, que organiza eventos y cursos de comedia en las Islas Baleares (Mallorca Music Magazine) (Santi Liébana | STANDUP EN MALLORCA).

Liébana también participa regularmente en festivales como FesJaJá y es conocido por su habilidad para adaptarse y crear contenido que resuene con diferentes audiencias, desde jóvenes estudiantes hasta personas mayores. En su página web y redes sociales, Santi ofrece una visión honesta y sin filtros de su trabajo, utilizando plataformas como Twitter para probar nuevas ideas y conectar con su audiencia (Mallorca Music Magazine) (Aficine).

La primera conclusión que podemos sacar incluso antes de empezar es que no nos fiemos del ChatGPT para la creación de contenido. Aunque ponga cosas que sean cierto, muchas veces no van a dar con lo que buscamos o queremos contarte.

De cara a lo que te interesa hoy, te puedo decir que creo que cumplo con un perfil como el que te interesa: alguien que no se dedica 40 horas (o más) a la semana a crear contenido o vivir en Redes Sociales, pero le saca bastante provecho a las mismas.

TABLA DE OBJETIVOS PARA EL CURSO:

Este manual empezó como una herramienta para uno mismo y que (considero desde mis sesgos y prejuicios y a veces falta de humildad, why not) puede ser un facilitador para toda aquella persona que quiera mejorar su creación de contenido sin la necesidad laboral o simplemente de ego de convertirse en influencer porque sí.

Lo que busca este libro es tener gente que, desde sus oficios, saque mayor rendimiento a las Redes Sociales (especialmente en este caso Instagram y Tiktok). Tanto para los dos gremios que me tocan más de cerca (profesionales de gimnasio y cómicos monologuistas) a cualquier otra profesión.

¿Y cuáles son los objetivos específicos de este manual=

- Desarrollar **capacidad de análisis y criterio**.
- **Ver, conocer y poner en práctica** todas las herramientas y recursos para mejorar la calidad y visualización del contenido.
- **Buscar mi factor diferenciador y mi posicionamiento**. Utilizar como ejemplos los míos.

¿Qué vamos a hacer?

- **No es un curso para ser influencer**. Ya te lo he comentado en la introducción o incluso en las promos por las que has llegado hasta aquí. Lo que buscamos es que profesionales de cualquier sector puedan sacar más rendimiento a su imagen en redes sin tener que vivir para ello.
- **Ver las estructuras de contenido** en vídeo e imágenes que nos den el mayor funcionamiento y rendimiento posible.
- Vamos a **trabajar la gestión de contenidos estratégicos** a modo embudo en las principales Redes Sociales.
- **Trabajar desde contenido que da visibilidad hasta el que da ventas potenciales** (los famosos embudos o funnels).
- Además, lo vamos a **poner a prueba desde el primer momento** en nuestras Redes Sociales.
- **Crear contenido característico** y sin tener que hacer bailes o playbacks (a no ser que lo hagas porque te guste).
- **Generar una evolución en contenido, estrategia y set**. Lo que en 2024 se considera necesario y lo que no tanto.

Incluso muchas de las cosas que comentaremos aquí van a ir probadas en mis Redes Sociales e iré compartiendo resultados y feedback, insisto, sin ser una agencia millonaria, sin comprar seguidores o sin partir con una base ya "dopada" de público.

ANTES DE NADA.

Lo de "petarlo sin fliparse" era una manera de filtrar un tanto el nicho de potencial consumidor de este manual y evitar gente que busca volverse millonaria o famosa porque sí. Establecer un contexto y unas expectativas a la realidad por una serie de motivos que te expongo a continuación:

- Entender que **redes como Instagram ahora mismo no son fáciles**. De cada vez hay más creadores y estos son mejores a todos los niveles.
- Dicho sea de paso, **nosotros como personas importamos muy poco** al usuario de estas redes (mientras no sea de nuestro círculo "real" en la vida diaria). Vendrán por nuestro contenido y se irán por nuestro contenido.
- **A lo que llamamos Redes Sociales, creo que deberíamos empezar a llamarlas "plataformas de entretenimiento"** en cuanto a su uso masivo a fecha de hoy.
- **Por último, empieza ya. No esperes a tener el contenido perfecto, ni la puesta en escena perfecta ni tu dicción o acting perfecto.** Probablemente porque, como me pasa a mi también, no vamos a llegar a tenerlo nunca.

Aquí marcaría una diferencia con otras plataformas como Youtube: mientras que en esta última sí entra mucha gente a ver tutoriales, incluso cursos o contenido más educativo en general, en las de consumo rápido (Instagram y TikTok) incluso el vídeo dedicado a comentar una curiosidad, un concepto o un tutorial rápido tiene un componente de entretenimiento muy alto.

Y básicamente, entra la gente a perder el tiempo. Mientras hacen caca o como si fuera el echar el cigarro del que no fuma (o mientras se echa un cigarro). Me hace mucha gracia cuando alguien critica un contenido diciendo "ha hecho que pierda mi tiempo". No sé, si tengo algo importante que hacer no estoy haciendo zapping de reels de gente que no sé quién es ni me importa.

Diferencia redes como Instagram y Youtube (como ejemplos). Como uno de nuestros objetivos principales es simplificar, vamos a diferenciar algunas redes y englobarlas en las que tienen un funcionamiento más similar.

- Instagram y TikTok a fecha de hoy pueden ir en el mismo lote.
- Facebook y Twitter en cuanto a funcionamiento y algoritmo, también.
- Youtube es un mundo aparte y que, si quieres escalar creando contenido, te

puede resultar muy interesante a medio o largo plazo.

Por cierto, no descartes Facebook, al menos de momento.

Yo incluso estoy monetizando (de forma residual, eso sí) el contenido que pongo en la plataforma. Lo digo porque Facebook ha quedado un poco como la red de los carcas o dándola por muerta y no estoy para nada de acuerdo. Otra cosa es que, ya desde hace años, no sea la red social de moda, sobre todo, porque no está creada para aprovechar al 100% desde el móvil.

Te dejo el enlace al apartado de vídeos de mi cuenta de comedia en Facebook: https://www.facebook.com/SantiLiebanaComico/videos donde veras que hay algunos que, por supuesto, no se han comido un torrijo, pero varios de ellos con decenas y centenares de miles de visualizaciones.

- **El proceso creativo es una mierda**. Porque lo es incluso para los que tenemos formación de guión.
- En 2024, **un profesional sin manejo de la tecnología es como un bar sin cafetera**: Puede subsistir, pero le costará mil veces más que al resto

EL ALGORITMO:

No, el algoritmo no es un señor de Teruel que está en casa y te pilla manía y por eso deja de funcionar tu contenido. No son pocos los creadores (y yo soy el primero que lo he vivido) que al caer su visibilidad simplemente porque su contenido ya cansa, por el motivo que sea y aquí no quiero herir a nadie (o sí, vamos, que si ya te han visto 200 veces el culo o los bíceps, pues ya has dado todo lo que tenías que dar), piensan que tienen un shadowban por un motivo injusto.

Funciona así porque es de lo que vive cualquier red social: del consumo de sus usuarios para vender más publicidad y más cara. Instagram y TikTok son plataformas de entretenimiento que han ido más allá de las redes sociales en su concepto original (véase Facebook, Tuenti, etc).

- Basta ver la evolución de Instagram y de TikTok.
- Incluso el contenido de gente cercana personalmente ha menguado porque se ha derivado a stories y el contenido de las bios (como los reels) de cada vez son más profesionales.
- Hay jóvenes GenZ que ya usan antes el buscador de TikTok que el de Google.

No. **El algoritmo no te tiene manía**. Se basa en todo cálculo posible que pueden hacer con sistemas complejísimos para ver qué vídeos o contenido pueden captar más interés. Gente posteando "si tengo X seguidores orgánicos, no sé porqué me ven sólo Y".

Identifica de qué va tu contenido y los intereses de quién lo consumo para, a su vez, enseñarles contenido parecido a ellos y enseñarle tu vídeo a personas con intereses parecidos.

El algoritmo coge tus características, comportamiento, etc. para ir perfeccionando la misma y ofrecer anuncios más efectivos. "Lo de Google te escucha".

Lo que funciona es la retención.

- Incluye interacciones (comentarios).
- El valor no tiene porqué ser la calidad ni audiovisual ni de valor. Los vídeos que mejor me han funcionado eran grabaciones de m...

Factor dopamina.

- Las plataformas en modo entretenimiento buscan el soltar estímulos de dopamina constante para su espectador, como yonkis que no pueden dejar la pantalla y, de hecho, ya te puedes imaginar que la práctica mayoría de cosas por las que estas son de una manera u otra están basadas precisamente en este concepto.

¿Te acuerdas hace unos años que parece que el grabar en vertical era para idiotas y ahora todas las RRSS utilizan este formato para vídeos cortos? Efectivamente, porque liberan más dopamina.

¿Por qué se trabaja de cada vez más con cambios de plano, subtítulos animados, colores y efectos de fondo? Pues eso. Para que tengan mucha más dinámica y estímulo con el objetivo de que, por ejemplo, dejes de leer este manual y te pongas un ratillo a ver vídeos.

Tipos de contenido que funcionan más.

- **Entretenimiento educativo**. Darle prioridad a la formación. Creo que uno de mis fallos con una de las cuentas ha sido derivarla demasiado al entretenimiento antes de hora... y más cuando ya tengo una cuenta de entretenimiento.
- **Inspiración**. Basta que veas el maravilloso negocio que son Mr. Wonderful y similares. Sí, porque hay mucha gente que lo consume.
- **Entretenimiento**. El principal factor y que, por supuesto, engloba a los otros dos. Porque la educación ya hemos dicho que no deja de ser entretenimiento, o cualquier cosa que puede ir desde vídeos de gatitos, anécdotas históricas,

humor y cualquier elemento que te haga más corto el estar sentado en la taza del váter.

Recomendaciones al respecto.

- Buscar una de las 3 como eje y las otras 2 como complementos.
- Clave: que estén todos alineados con mi propuesta de valor.
- Lo que de más preferencia: tiempo de visualización, guardados, compartidos, comentarios y me gusta (en Instagram y Tiktok, en Facebook los "me gusta" parecen tener más importancia).
- Lo que viraliza: Duetos, reacciones, uso del sonido para otros vídeos, etc.
- ¿Y qué hago?
  o Sé auténtico. Y suena hasta de Perogrullo, pero...
  o Sé sincero.
  o Encontrar puntos de identificación (insights).

Cómo funciona el que un contenido se haga más viral o menos:

- Posteas un contenido y se lo muestra a los "parroquianos", a la gente que te sigue de forma más habitual y un % a modo de testeo más reducido que seguidores no tan fanáticos e incluso en los apartados de búsqueda o reels. Vamos, una evolución del "a ver qué pasa".

- Según su ratio de interés (retención e interacción, básciamente) respecto a la media, lo muestra a un segundo escalafón de usuarios y seguidores.
- Si sigue con un nivel alto de retención, lo mostrará ya a un tercer escalafón no tan relacionado.
- Y así hasta hacerse (o no) viral.

Asuntos varios:

- **La mejor hora de publicación ahora mismo es relativa**: a las horas que hay más público a la vez hay más competencia de creadores. Ojo, puede haber horarios mejor que otros, pero no va a arreglar una mierda. Es más, tal vez la empeore.
- Prueba diferentes días y horarios.
- Pasa exactamente lo mismo con la regularidad. El subir vídeos que no interesen para mantener un ritmo lo que genera es pérdida de visibilidad. Ojo, otra cosa es que empieces a generar una tirada de contenido de gran calidad de forma seguida.
- El contenido que funciona en TikTok de cada vez funciona más en Instagram y viceversa.
- También hay un problema: de cada vez hay más gente que hace más y mejor contenido.

Quién, qué y cómo.

La torre APE es la forma en la que vamos a generar, por llamarlo así, nuestro libro de estilo del contenido que vamos a generar. El mismo se basa en 3 elementos:

Avatar (quién). El avatar sería el perfil de persona tipo a la que nos dirigimos. Sería un tanto simular para nosotros mismos precisamente lo que hace el algoritmo, precisamente para pensar como él y así tener las mismas posibilidades de éxito.

A la hora de trazar el avatar debemos pensar en sus principales características: rango de edad y todo lo que conlleva (cosas como, por ejemplo, el lenguaje. Un "qué pasa, bro" sólo funcionará con gente de mi generación de forma irónica), género, gustos personales, principales miedos (y los famosos puntos de dolor que ahora se trabajan tanto), etc.

Incluso en mercados similares se habla de diferentes avatares. Desde hace muchos años siempre pongo el ejemplo de los avatares con los miembros de una boy o girlband, especialmente en las Spice Girls, donde podemos ver como precisamente cada una de ellas presentaba, dentro de un rango muy concreto, características diferentes para que así cada chica o niña de finales de los 90 se identificase con una de ellas.

Resumiendo, podemos establecer un avatar respondiendo a estas preguntas:

- **Cómo piensa**. Cuáles son sus gustos personales, sensibilidad a precios, calidad deseada, criterios de personalidad, estilo de vida, etc.

Por ejemplo, en características demográficas, mi experiencia me lleva a que gente más joven, supongo que al tener de media más disponibilidad de ocio, intenta aprovechar cada euro que gasta. Gente de mi rango de edad (46 años) o más mayores, que salen poco, pero con más capacidad adquisitiva, tienden a permitirse más caprichos en cenas, reuniones sociales, etc.

- **Qué le preocupa**. Cómo yo ya tengo una edad, ando con amigos de mi quinta que ni tan siquiera usan TikTok (Instagram todavía han llegado casi todos). Tal vez precisamente has llegado a este manual porque tienes una preocupación (luego pasamos a los problemas concretos) que es no quedarte desfasado con generaciones más jóvenes que de cada vez están más preparadas o, cuanto menos, más al día.

- **Qué problemas tiene**: ya sean necesidades o deseos (desde lo que necesitan a lo que creen que se merecen), sean tangibles o intangibles. Y esto puede llegar incluso a lo espiritual, como la necesidad de tribalización o pertenencia a un grupo.

Durante muchos años he dado formaciones de entrenamiento para personas con obesidad y te puedo poner un ejemplo muy concreto. Ya te puedes imaginar que el objetivo principal en este perfil a nivel tangible es de Perogrullo: perder peso, más concretamente grasa.

Sin embargo, existen una serie de deseos intangibles en el cliente que son más potentes: hacer actividad deportiva con amigos sin cansarse, poder pasear o jugar con sus hijos, no ahogarse subiendo unas escaleras o sentirse mucho más atractivo físicamente serían estos objetivos intangibles pero que igual son incluso prioritarios.

Y perdonad que me extienda en este punto porque nos puede dar un empuje importante a la hora de generar contenido útil. Precisamente lo que hagamos en redes de manera comercial debe ir enfocado más que a un tema o nicho como tal, a resolver un problema que estos tengan. Por lo tanto, el contenido debe explicar los problemas de nuestro potencial cliente para luego exponer la solución y el porqué.

- **Cuáles son sus metas**: los objetivos que tiene establecidos en la materia concreta que estamos hablando. Por ejemplo, puede parecer grotesco el lenguaje de un Lladós, pero al final conecta con gente que quiere ser millonario a partir de la nada.

Tal y como se hace en muchas áreas, establecería

- **Cuáles son sus valores**. Desde ideologías sociales o políticas hasta la forma en la que conseguir sus objetivos.

¡PRÁCTICA!

Busca definir en una frase cuál es el avatar tipo sobre el que vas a trabajar incluyendo las principales características de las 5 preguntas que tienes justo encima de esto.

Propuesta (qué). En la propuesta vemos a ver qué es lo que queremos proponer a nuestro cliente tipo o avatar, cuál es nuestro producto, formación, plan o idea que queremos transmitirle.

Estructura (cómo). La estructura nos va a llevar el ancho de este manual, por lo que tampoco te voy a marear mucho por aquí. Eso sí, de salida nos vamos a quedar con la idea de que podemos adaptar nuestro contenido a la forma en la que las Redes Sociales lo pueden considerar más atractivo (al final, lo que genere mayor ratio de consumo en sus usuarios) siendo la base de una fórmula ganadora.

CÓMO "CAERLE BIEN" AL ALGORITMO EN 6 PASOS

La base del contenido que funciona en redes como Instagram o TikTok se basan en el denominado "Ratio de Interés". El mismo básicamente está en un combo del tiempo de retención del contenido más la interacción que tiene la gente en el mismo.

Ya no sólo es que vean el 100% del vídeo (por poner un ejemplo), sino que el tiempo que pasan comentando, leyendo otros comentarios o incluso troleando también puntúa.

Asociación condicionada. El hacer salivar al perro. Por ejemplo, con las recetas de cocina.

La asociación condicionada, ejemplificada por el experimento del perro de Pavlov, es un proceso de aprendizaje en el que un estímulo previamente neutral se convierte en un desencadenante de una respuesta condicionada tras ser repetidamente emparejado con un estímulo incondicionado que naturalmente provoca esa respuesta. En el caso del perro de Pavlov, el sonido de una campana (estímulo condicionado) se asoció con la comida (estímulo incondicionado), haciendo que el perro salivara (respuesta condicionada) al oír la campana, incluso sin la presencia de comida.

Esta teoría puede aplicarse al contenido de Redes Sociales al utilizar elementos repetitivos y consistentes y, sobre todo, que se puedan identificar (al final, esto pasa mucho con lo que se ha denominado hasta la fecha "ganchos" y que ha ido evolucionando, tal y como veremos más adelante), como sonidos, colores, o símbolos, junto con contenido atractivo y deseado, para que los seguidores asocien esos elementos con sensaciones positivas y engagement.

Por ejemplo, una marca puede usar una melodía específica en sus reels para que los usuarios asocien esa música con experiencias placenteras o productos deseables o ver el final de una receta para enganchar a ver todo su desarrollo.

Códigos nativos.

Hay estructuras, formas, estilos de contenido que son característicos de un medio o plataforma y que le dan personalidad y, directamente, gustan más (aunque sea por repetición a sus usuarios) y que incluso pueden chocar o considerarse desfasado en otros.

Desde la voz engolada de los locutores de radio clásicos a las estructuras de tres tramas de capítulos de sitcom, encontramos códigos nativos en cualquier plataforma, siendo Instagram o TikTok, como no, algunas de ellos.

El ejemplo más claro creo que estaría en los TikToks durante el boom de la aplicación en España en la pandemia (2020-21): era un auténtico bombardeo de coreografías virales, playbacks de canciones o incluso series (recuerdo unos meses con un montón de diálogos de "aquí no hay quién viva" replicados) gente haciendo dúos con otros vídeos virales o incluso recreándolos, etc. todo eso precisamente eran los "códigos nativos" de un Tiktok que ha derivado en algo mucho más parecido a Instagram (que a su vez también ha evolucionado).

¿Por qué funcionan? Diría que se genera un hábito en el consumidor y que, por repetición, durante un tiempo ese formato concreto gusta hasta que llega a aburrir, como cualquier tema en tendencia.

¿Qué puedo hacer con ellos?

- **Replicarlos** si lo haces por un tema personal y/o de entretenimiento.
- **Adaptarlos** a tu gremio, servicio o empresa si tienes un pequeño negocio.
- **Parodiarlo** si lo quieres llevar al extremo. Por ejemplo, en mi caso (me dedico a la comedia) he

empezado a hacer estas parodias con buen resultado[1]

Los formatos o códigos nativos más habituales en redes son.

- **LoFi**. Grabaciones de audio (voces, canciones, etc) en baja fidelidad.
- **Voice Over** (voz en off propia o IA). Lo que conocemos de forma más clásica como "voz en off".
- **Textos en video**. Sí. Las plataformas de vídeo como Instagram han superado a otras de texto como Twitter para que luego los vídeos sean sucesiones de texto.
- **Efectos de voz**. Desde reverb a filtros agudos ("pitufados" para los que somos un poco boomers), etc.
- **Réplicas a comentarios**. Esto ya es el top de aprovechar el contenido: responder a un comentario que te han hecho en una publicación anterior (incluso puede ser ajena) creando un nuevo contenido en vídeo.
- **Efectos croma**. Ya no necesitas una pantalla verde, siendo incluso las propias aplicaciones como CapCut (el programa de edición por experiencia de TikTok) las que son capaces de generarla.

---

[1] https://www.instagram.com/p/C_M8k4st7fb/

- **Puntos de vista**. Vídeos grabados como si la cámara fuesen los ojos del que graba.
- **Matchcuts**. El típico video de estar en el sofá, acercar la cámara a un punto oscuro y sacarla cuando estás en la playa.
- **Entrevistas a pie de calle y/o podcasts**. Seguro que has visto gente en modo reportero de zonas céntricas de Madrid (especialmente) que recogen las respuestas más peculiares que han recibido durante horas.

Estructura del vídeo.

1. Tener una **idea ganadora**.
2. **Desarrollarla** de forma clara.
3. **Crear el guión** sobre la estructura.
4. Cómo transmito **las 4P**.
5. Copies, indexación y elementos **SEO**.
6. Ver la **duración del vídeo** (recordad que no hay que forzarla).

LA IDEA GANADORA.

Empezaremos por la que creo es la parte más importante. Y es que, mientras que la edición, ritmo, imagen, llamada a la acción etc. por supuesto que aumentarán el tiempo de visualización o la interacción, el dar con una idea ganadora es la base del éxito del vídeo. Y, efectivamente, no es fácil de salida.

Si tuviera que definir una idea ganadora, creo que sería algo así como el "hilo conductor que consigue cubrir el máximo posible de los 16 deseos básicos del ser humano con un punto de vista o ángulo único".

Vale, y ahora dirás: ¿Cuáles son los 16 deseos básicos del ser humano y qué es esto de un ángulo único? Vamos por partes:

Las 16 necesidades básicas responden a la recopilación del libro de Steven Reiss[2] y hacen referencia a sentimientos bastante viscerales y que a primera vista igual no vemos relacionados con el contenido en RRSS. Así que vamos a poner ejemplos de cada uno de ellos.

- **Aceptación**, la necesidad de ser apreciado. Diría que es la base por la cual funcionan canales de cualquier perfil ideológico ya que refuerzan un sesgo de confirmación o la tribalización de comunidades de seguidores.
- **Curiosidad**, la necesidad de aprender. Muchos de los contenidos virales precisamente salen del desarrollo de datos curiosos, anécdotas, etc.
- **Alimento**, la necesidad de comer. Instagram no te puede hacer una paella, pero te puede hacer pasar horas viendo vídeos rápidos de recetas de paellas.
- **Familia**, la necesidad de tener y criar hijos e hijas. Un valor que puede parecer que se ve poco o nada, pero sí que he visto, por poner un ejemplo, mucho contenido cómico de éxito hablando de relaciones de padres e hijos o entre hermanos, por ejemplo.

---

[2] Reiss, S. (2002). Who am I? The 16 Basic Desires that Motivate Our Actions and Define Our Personalities. Berkley Trade.

- **Honor**, la necesidad de ser leal a los valores tradicionales de una colectividad.
- **Idealismo**, la necesidad de justicia social. Una vez un profesor de guión me dijo que el espectador siempre va a defender al bueno y que, como espectador (otra cosa es luego en la vida real) siempre defiende las causas justas.
- **Independencia**, la necesidad de tener la individualidad garantizada. Esto del "yo soy así" muy visto también en RRSS.
- **Orden**, la necesidad de entornos estables y organizados. Y, dicho sea de paso, el ordenador de espacios (como casas u oficinas) se ha llegado a convertir a fecha de hoy en un oficio remunerado.
- **Actividad física**, la necesidad de practicar ejercicio. Tal vez uno de los reyes en redes como Instagram o Youtube (que sí, también lo podemos considerar una red social).
- **Poder**, la necesidad de tener una cierta capacidad de influencia. Antes hablábamos de la interacción, que también puede tener cabida aquí. Un ejemplo que me llama mucho la atención es cuando veo vídeos de "Tu Cara me Suena" donde la mayoría de comentarios son de gente jugando a ser jurado y emitiendo sus propias puntuaciones que no sé muy bien a quién pueden interesar.

- **Amor romántico**, la necesidad de sexo y belleza. Se viene ristra de mentores. En este caso, de la seducción. Aparte también del contenido orientado a mandarle a stories a tu pareja, por poner otro ejemplo.
- **Ahorro**, la necesidad de acumular. Creo que con todos los gurús para hacerse millonario que nos salen a diario no hace falta explicar esto.
- **Contacto social**, la necesidad de tener relaciones con otros. Casualmente, una red social que se llama "social" (con muchos matices, obvio) tiene una base sobre esto. Basta ver el éxito de Facebook a partir de que los que ya tenemos una edad buscáramos a nuestros excompañeros de colegio o instituto, por ejemplo.
- **Estatus**, la necesidad de ser socialmente significativo. Uno de esos conceptos en los que, si nos fijamos en todo lo de "ser viral", "hacese famoso", etc. creo que no hace falta explicar.
- **Tranquilidad**, la necesidad de sentirse seguro. Este se me ha quedado cortito, pero podemos hablar de músicas o vídeos relajantes.
- **Venganza**, la necesidad de devolver los golpes. Siempre digo que todos los casos de superación extrema vienen de la venganza. El que se pone guapo porque se ha divorciado es por venganza

de su ex o el que se pone a correr una maratón por venganza del colesterol.

¿Y qué es el "ángulo"?

El ángulo es un concepto que he tomado de la escritura de comedia que os puede servir como recurso a la hora de estructurar lo que vais a contar. Es más, no va a ser ni el primer ni el último ejemplo porque hay muchas herramientas de guión corto que son extrapoblables.

El ángulo (en algunos sitios también llamado "tesis") en un bloque de monólogo (esa parte del monólogo en el que se habla de un tema concreto) consta de tres elementos que prácticamente son innegociables:

- **Tópico o tema**: de lo que vamos a hablar. Importante que no se solapen temas cruzados. Cada vídeo (o cada bloque de monólogo) debe tener un único tema vertebral.
- **Actitud**: la/s emociones que me genera el mismo. Ya sean enfado, tristeza, indiferencia, sorpresa, miedo, asco... Tampoco hace falta que los lleves al histrionismo como en la comedia o como con ciertos Youtubers.
- **Punto de vista**: sería una frase a modo de titular que exponga lo que queremos decir en ese vídeo. Desde enunciados directos "convierte tu foto de perfil en un poster de Pixar en un minuto" a otras fórmulas como analogías "celebrar una

segunda boda es como celebrar que has recaído en la droga".

GANCHOS O (A PARTIR DE AHORA), TITULARES

Aunque vamos a seguir utilizando el concepto gancho en este mismo manual, creo que la evolución de los mismos lleva a cambiar el nombre por "titular". Claro, que eso es bastante más convencional y hará que la gente se de cuenta de que no hay tantas fórmulas mágicas como se hace ver por ahí y que, a su vez, no pueda vender cursos por 1.000 euros. Pero tiene una explicación.

El gancho es un concepto que ha evolucionado e incluso caído ligeramente en desuso por agotamiento del mismo. Son esos primeros momentos de vídeo (se decía que 3 segundos, pero también es muy matizable, luego lo veremos) en los que se busca generar la suficiente inquietud en el espectador como para que se quede mirando el contenido. Un tanto como lo que en televisión se denomina "cebo".

Como los ganchos clásicos de "esto son los 10 motivos para ir a Disneyworld, el último te va a hacer volar la cabeza" se han usado hasta la extenuación, probablemente ya no tenga el mismo impacto de hace tan sólo unos años.

Y, por cierto, **un gancho no salva un vídeo de mierda. Actualmente, un reveal (enseñar lo que se va a hacer** directamente) puede ser mejor gancho porque la mayoría de hooks están absolutamente trillados.

Tipos de gancho convencional:

- **Gente que ya está contrastada o conocida ya no necesita gancho.** El gancho vendría ser directamente ver al personaje.
- **Gancho frase célebre** (reformular una frase típico o refrán). Si no tenemos esa reputación podemos citar a alguien que sí la tenga. Basta ver como incluso formaciones de terceros hablan de los métodos de Elon Musk o Tony Robbins para vender su propio producto. Últimamente hasta había vídeotimos en los que directamente se editaba con IA una entrevista (supuesta) a Elon Musk diciendo en qué había que invertir para hacerse millonario.
- **El chismorreo.** Buscar algo con un famoso/tema de interés casi a modo de los "cebos" que existen en televisión, especialmente en programas de prensa rosa.
- **El clickbaitero.** Es lo más cercano a esos titulares que ves en medios sensacionalistas de "no te imaginas lo que le pasa al señor", generando un deseo compulsivo de clickar en el enlace.
- **¿Cómo... (conseguir algo que se salga de lo normal)?** Sólo funcióna con algo que

muchísima gente quiere, respondiendo a deseos muy primitivos (te hemos puesto un listado de los mismos en este mismo texto). Por poner un ejemplo, algo del tipo "cómo ganar 100.000 seguidores en 1 mes".

- **Gancho negativo**. Las maravillas de la psicología negativa. El "si haces esto, arruinarás tu negocio", "evita estos ejercicios si no quieres dañarte la espalda" y frases de este tipo.

- **Mapping**. Es un recurso de guión en el cual se ponen las cosas en común entre dos elementos muy distantes entre sí. Y cuanto más lejos mejor. Por ejemplo, "qué tienen en común este tractor y la creatina".

- **El "no tienes huevos"**. Sí, es un poco micromachismo, pero cojo la expresión popular para citar a esos ganchos del tipo "sólo el 3% saben hacer este test" y cosas similares.

- **Golpe, animació o cambio de cámaras** (a mi no me mata mucho). Recuerdo no hace mucho un creador de contenido muuuuuuy conocido (no te diré quién es, pero se dedica al fitness y es poderoso y explosivo) que empezaba un vídeo saliendo de una minipuerta estilo Imaginarium. Igual hasta hasta visto el vídeo.

Supongo que al nivel al que está tiene agencias subcontratadas para campañas, edición, etc. y pensaron que ese gancho de empezar en movimiento o haciendo algo raro es positivo. ¿Realmente una persona que ya está tan introducida necesita algo así para llamar la atención? ¿No le resta más que suma?

- **La fábula**. Hacer una introducción a modo de primera frase de un cuento o historia. Sí. Algo del tipo "había una vez..." o "corría el año 1971 cuando...".
- **Pregunta inducida**. Una buena opción si no te vienen la inspiración es simplemente hacer una pregunta que queda respondida con el contenido del vídeo. Del tipo ¿cómo puedo bajar mejorar mi Repetición Máxima en 2 meses?
- **El enemigo común** (cuidado con políticos, religiones, etc). Es otra forma de generar polarización y sesgo, pero que a la vista está de que funciona. Ojo, el enemigo no tiene porqué ser una persona, puede ser cualquier otro elemento como una enfermedad o una tendencia.
- **La dualidad**. Supuestamente utilizamos dos temas, aunque en realidad el primero sirve como debo o setup para el auténtico protagonista. El "tengo una mala y una buena noticia".
- **Gancho contracorriente**. Utilizar la frase para luego generar un contexto que la justifique. Es un tanto trampa (pero estamos generando ganchos, ¿no?) pero empezar diciendo una

barbaridad del tipo "la mejor forma de adelgazar es yendo a McDonalds" llama la atención del usuario de redes.
- Gancho accionador.

Tipos de antigancho:

  o Sentarse en la silla.
  o Shaky Phone.
  o Entrar en el coche.
  o No decir nada.
  o ASMR.
  o Carteles o cosas escritas en un papel.
  o Enseñar lo que va a pasar.
- Desarrollar una historia o contexto (no tiene porqué ser storytelling).
- Cerrar con una moraleja.

LA HISTORIA O REVEAL:

- De 3 tipos: visual, un titular o de tipo auditivo.
- Justificar el valor de nuestro contenido contándolo ANTES de la historia del vídeo o incluso como antigancho.
- ¿Empezarlo en cambio de plano?
- Generar emociones es una clave fundamental. Desde la risa al enfado. Incluso por encima que el generar valor.
- Dar buen contexto a la moraleja: metáforas, datos

- Apalancarse de famosos como muestra de autoridad.
- Apalancarse en tendencias.
- La capacidad de generar curiosidad.
- La ruptura de patrón se convierte a los 4 días en patrón.
- Tendencia a una comunicación más tranquila.

LA MORALEJA.

- Crear una enseñanza detrás del contenido compartido (por ejemplo, la sugestión coercitiva).
- Diferenciar entre contenido de autoridad y de influencer.
- Es lo que la gente quiere saber realmente del vídeo como conclusión.

LLAMADA A LA ACCIÓN (CTA).

- Cerrar siempre con una llamada a la acción que también aporte valor a tu potencial audiencia. Ej: si quieres seguir aprendiendo, sígueme; comenta cuál es la hora a la que va mejor que postee y similares.
- De hecho, tiene que aportar tanto valor que se deberían sentir mal si no lo haces.
- Tampoco te flipes. El valor no eres tú.
- El vídeo se basa en torno a la llamada a la acción.
- Clara, concreta y segura. No andarse con rodeos (dejarse de "creo", "probablemente", etc).

SEO. Hacer que nuestro contenido se lo muestre a la gente adecuada.

La importancia del seo está en indexar nuestro contenido para que lo vea la gente más adecuada o con más potencial de consumirlo. Si lo conseguimos, se disparará el % de visualización e interacción, aumentando así la visibilidad de todo lo que hagamos.

- Nombre de la cuenta. Incluir la actividad.
- Descripción en el perfil. Autoridad más el objetivo de la cuenta.
- **Copywriting en los vídeos**. La descripción de los mismos tiene mucho peso estratégico y deben contener sí o sí las palabras o términos clave en los que nos queremos posicionar.

Su función es indexar palabras, no es que la gente por norma general se ponga a leerlo, porque ya te puedes imaginar que eso pasa muy poco o nada. Esto es un proceso clave en los niveles iniciales, dado que cuanto menos tarde el algoritmo de la red en indexarte y validarte correctamente, más podrás acelerar todos los procesos posteriores.

Podemos saber qué búsquedas se hacen más añadiendo en la lupa (el buscador, vamos) el término que queremos indexar, a lo que adjunta conceptos de cadena más larga.

LA INDEXACIÓN

Vamos a una de las principales funciones del algoritmo en Redes Sociales: la indexación del contenido subido por los usuarios.

Podemos decir que es el proceso mediante el cual las plataformas organizan y catalogan la información que los usuarios publican, como textos, imágenes, videos y enlaces. Este proceso permite a las plataformas mejorar la búsqueda y la recuperación de contenido relevante para los usuarios.

Las redes sociales analizan el contenido publicado para identificar palabras clave, hashtags, ubicaciones y otros metadatos, facilitando así que los usuarios encuentren rápidamente publicaciones relacionadas con sus intereses o necesidades. La indexación también ayuda a personalizar el contenido que se muestra en los feeds, ofreciendo una experiencia más dirigida y atractiva.

¿Qué cosas nos pueden hacer mejorar la indexación?

- Hashtags: no te van a hacer viral, pero siguen sirviendo como forma de indexación.
- Añadir los tópicos para una correcta indexación.
- Geolocalización sí o no?
- TRUCO: Añadir texto con la propia app para que lo indexe el algoritmo y disimularlos con el fondo del vídeo.
- Comprobar si el algoritmo te indexa en TikTok: revisar si pone alguna etiqueta en el buscador.
- Podemos indexar hasta el audio del vídeo.

La portada.

- Usar las palabras clave.
- Estética en 2024.
- Consistencia.

COMMUNITY BUILDING

- Uno de los pasos para mi más difíciles.
- El Community Manager empieza a quedarse desfasado como tal.
- Imbound Marketing vs Outbound Marketing.
    - o El Outbound marketing complementa el buen funcionamiento del Inbound Marketing.
    - o Por ejemplo, poniendo publicidad para potenciar visibilidad de contenidos que funcionan: 4PS, visibilidad y participación.
    - o El Imbound es "gratis", pero exige pasar tiempo en la plataforma.
    - o Ejemplos de imbound: comentar en vídeos virales.
    - o Responder a los contenidos, compartidos en stories, etc. que genera tu propio contenido.
    - o Dar conversación en los comentarios (por ejemplo, con preguntas) porque así puedes aprovechar hasta los haters y trolls.
    - o Generar debate al final genera tiempo de visualización y retención, que es lo que el algoritmo quiere.
    - o El outbound marketing será la búsqueda de audiencia y clientes mediante pago (principalmente publicitario).

Elementos de interés para crear comunidad:

- **Establecer un enemigo en común**. Es un sesgo más antiguo que la tos, pero que si tomas distancia y lo miras, por ejemplo, en el plano político actual, verás que todavía funciona. El tener un "malo" al que enfrentarse cohesiona al grupo. Incluso condiciona a sus miembros. Resumiendo: responsabilidad, solución y pertenencia.

Y ojo, el enemigo no tiene porqué ser una persona, una población o un bando político. El enemigo de alguien que quiere vender ambientadores es el mal olor, simplemente eso.

- **Cubrir los deseos básicos de la audiencia**. Según Steven Reiss podemos encontrar hasta 16 deseos básicos: aceptación, curiosidad, comer, familia, honor, idealismo, individualidad, orden, actividad física, poder, romance, ahorrar, contacto social, status, tranquilidad, venganza.

ASPECTOS A TENER CLAROS ANTES DE EMPEZAR, COMPAY.

- Definir muy bien tu por qué y tu para qué. Mi error con santiliebanatraining si quiero vender formación es que tal vez ha desembocado demasiado en la comedia. Tampoco es un tema grave porque al final lo puedo monetizar de otra forma, pero tampoco era la intención original.
- Objetivos:
  o Que reconozcan al creador sobre el contenido.
  o No buscar hacer virales porque sí.
  o Conexión con la persona y con el cliente ideal.
  o Pasarlo bien creando contenido.
- Identificar audiencia, competencia y propuesta. Vamos a decir que la audiencia tiene "problemas" que la competencia resuelve de una manera. A partir del análisis de ambas y nuestras ideas, desarrollaremos nuestras "resoluciones". Ejemplo: el crowdwork en comedia.
  o Factor diferenciador.
  o Posicionamiento y punto de vista.

ANALIZAR EFICIENTEMENTE A LA COMPETENCIA.

El análisis de competencia efectivo puede tener dos estrategias y no, no va a ser copiar directamente al que haga lo mismo que tú, pero con mucho más seguimiento:

- Ver qué hacen los creadores de nuestro nicho para **intentar identificar los puntos de diferenciación que podemos ofrecer** y, a partir de ahí, crear algo lo más diferente posible.
- **Tomar creadores de otros gremios o nichos que tienen éxito y entender qué cosas hacen y por qué los ve la gente**. A partir de ahí, no fusilaremos el contenido que hagan, pero sí adaptaremos formatos, estructuras y cualquier cosa de utilidad para lo que creemos nosotros.

De hecho, las grandes marcas ¿físicas? (por decir algo Carrefour) han copiado a su competencia en redes: los grandes creadores. Que ya, que una cadena de supermercados sigue moviendo mucho más dinero, pero en el mundo de la visibilidad digital ganan los segundos.

¿Cómo han evolucionado marcas como esta? Pues generando contenido más parecido (incluso contratando a influencers) al que hace alguien supuestamente a nivel personal y no de marca.

Eso marca la evolución de grandes marcas, por ejemplo, a hacer contenido personalizado incluso contratando creadores.

¿Qué cosas puedo analizar de mi competencia?

- **Formato de contenido**: vídeos largos (más para youtube), vídeos perfil reel (Tiktok, Instagram, Youtube shorts), Carrouseles (Instagram), texto (Twitter o Threads), etc.
- **Plataformas**: las Redes Sociales que más te interesan. Incluyen todas las que hemos dicho en el post anterior e incluso, según tu nicho, otras como Facebook (ya te eh dicho que no le haría un feo) o LinkedIn, que tiene un crecimiento discreto, pero real.
- **Estilo de comunicación**: puede ser más técnico, más cercano, más directo, más cómico o incluso más soez-agresivo.
- **Temas comunes**: todo lo que sea de interés para tu nicho.
- **Qué promesa tienen**: que es lo que ofrecen para el negocio o iniciativa de su potencial cliente.
- **Errores que están cometiendo**: sí, porque incluso aunque sean grandes expertos de éxito, pueden hacer cosas que no dominan y chirrían un tanto. Ya os digo yo que he visto vídeos de

gurús de gimnasio supuestamente utilizando el humor que dan un poco de vergüenza ajena.

CONTENIDO MASIVO VS CONTENIDO DE NICHO:

- Público horizontal vs público vertical.
- Público horizontal (viralidad).
  - o Que afecte a la mayoría de población.
  - o Que lo pueda entender cualquiera.
- **Elegir el nicho adecuado**: nuestro nicho perfecto será aquel que combine nuestra pasión (que hará el trabajo mucho menos pesado), habilidad (que sepamos que se nos da bien, a mí me gustaba mucho el fútbol sala, pero sabía que no daba para más que regional) o que sea económicamente rentable o, cuanto menos, sostenible.

VIRALIZAR TU CONTENIDO:

- **No te flipes**. Ajusta tus expectativas. Y, dicho sea de paso, viralizar tampoco tiene porqué ser crear vídeos de millones de visualizaciones (se puede viralizar dentro de un nicho muy concreto.

Y aquí me paro antes de seguir: Buscar contenido cuyo único objetivo sea viralizar porque sí tiene mucho riesgo de acabar convirtiéndose en perjudicial para lo que estás vendiendo (vamos a llamarlo "marca personal" porque así lo pone en las formaciones caras).

Podemos tener contenido dentro de un embudo o estrategia que busque esa viralización para tener una entrada de público casual en nuestra cuenta, pero tampoco es la finalidad si lo que queremos es vender.

Salvo que tu quieras ser directamente influencer (por lo que sea, no lo voy a juzgar), el contenido viral pasa a ser una herramienta más y no el foco principal.

- **Generar una buena idea** (y revisar su potencial viral). Por cierto, las buenas ideas salvan malas ediciones, cosa que al revés no suele pasar.

Los primeros vídeos de "fitness en 1 minuto" que me han viralizado y me han subido seguidores tienen un nivel de edición que no puede ser más cutre. Solo deciros que estaban grabados con la propia webcam que viene por defecto con el ordenador portátil.

Por otro lado, en las diferentes formaciones y manuales que he visto se ofrecen dos estructuras como las que tienen más potencial viral (para reels, claro) y que al final vienen a ser más o menos lo mismo, eso sí, con diferencias de criterio a la hora de establecer qué es un gancho efectivo o no en 2024. Veamos:

- **Estructura**1: Revelación, construcción, valor y CTA
- **Estructura2:** Gancho, historia, moraleja y CTA

Crear un gancho: frases o acciones de los primeros segundos para persuadir a la persona y que vea el resto del contenido.

Cosas que ya no sirven cuando he hecho estos apuntes:

- Complicarse la vida. De hecho, se habla como forma efectiva (y estoy de acuerdo) de la fómrula Kiss: Keep it simple & smart (o stupid).
- ¿Están cayendo los ganchos porque ya la gente se lo ve venir? Saturación de clickbait y aspectos similares. También creo que a fecha de hoy cualquier persona que pase un rato en una plataforma de entretenimiento ya identifica bien los ganchos y clickbaits.

- Diferencia del nivel de atención con los años. Una tía de mi madre, que era prácticamente como mi abuela porque tenía trato con ella de diario, cuando ponía la tele para ver la película de los sábados a las 16 se quedaba media hora viendo los dibujos animados mientras decía "yo por media hora no voy a cambiar el canal de la tele". Imaginad que pasase eso en 2024.
- ¿La norma de los 3 segundos? ¡OJALÁ! Puedes hacer la prueba haciendo una visualización de contenido propuesto en reels y stories durante 2 minutos (120 segundos) y contar cuántos vídeos llegas a pasar en ese tiempo.
- Formas y formas (bailecitos o mover el culo ya no funcionan ni en TikTok).
- Salir medio en pelotas, pero poniendo una frase trascendental en el copy como si fuese un pensamiento profundo.

ENCONTRAR TU PROPIA VOZ.

La "voz cómica" en standup es el personaje y se puede llegar a tardar hasta unos 10 años en desarrollarlo. Creo que vale la pena dedicarle un rato de salida y acelerar este proceso.

Como no somos creadores de contenido a 40 horas, apóyate en cosas que veas en redes y que creas que te puedan servir y no empieces de cero.

Las 5P de la voz en Redes Sociales.

Y ojo, que no se deben confundir con las 4Ps del Marketing aunque tienen algo (o bastante) que ver en ciertos aspectos. Aquí nos vamos a referir a:

- **Personaje**: lo que enseñas en la cuenta.
- **Promesa**: en qué va a a ayudar o que va a solucionar tu contenido a quién lo ve. Desde consejos de entrenamiento para un nicho concreto, como entretenimiento o estímulo en modo ASMR.

Aunque nada garantiza el éxito, cualquier promesa que funcione debe tener tres elementos en medida de lo posible: claridad, concreción y un beneficio significativo para el potencial usuario.

- **Producto/propuesta**: no es lo que vendes, sino lo que dan tus vídeos. Otra cosa es que los productos que vayamos a vender tengan relación con el mismo. Además, también puede incluir elementos externos como enlaces web, acceso a una Newsletter, etc.

- **Personalidad**: el factor de conexión con tu audiencia. Puede ser desde el humor en mi caso hasta estar muy buen@. Sí, es un factor de conexión. Vamos a buscar una personalidad cómoda y coherente con nosotros. Debemos buscar los factores diferenciales de nuestra personalidad.
- **Posicionamiento**: a dónde quiero ir y sobre qué. Será el cómo me voy a introducir en el nicho que busco.

Además, hay algunos elementos que te pueden servir de ayuda. Ya sea técnica, moral o veterinaria, vamos:

- Las cuatro Ps pueden evolucionar, pero no pivotar constantemente. Usaremos la fase de sprint (lo tienes dentro de unas cuantas páginas, no seas ansias) para trabajar estos aspectos.
- Si supiéramos la realidad de más de un creador de contenido, lo primero que haríamos sería dejar de seguirles.
- Intenta que la imagen, tipografía, etc. evolucione a lo que pueda denotar este lote de 4P.

¿Cómo comunico esto? La generación de confianza

Como vamos a partir de la base de que somos personas de a pie, que queremos mejorar nuestro contenido y presencia en redes y no somos gente conocida a nivel masivo en nuestras misiones o trabajo, este punto es de especial interés para comenzar a construir nuestro mensaje.

Obviamente, si quieres hablar de Fórmula 1 y eres Fernando Alonso o Carlos Sáinz Jr. ya generas confianza y, como mínimo, el primer apartado ya lo cumples con tu propia presencia. De hecho, ese es el motivo por el que muchas marcas comerciales asocian mediante patrocinios a personas de prestigio para vincularlos con su identidad: desde cantantes, deportistas, actores y en su día hasta a toreros y tonadilleras.

Pero lo dicho. Dudo que Fernando Alonso esté leyendo esto. Vamos a ello:

- **Credibilidad**: establecemos un elemento reputado que de fuerza y rigor al mensaje. Es el típico "según estudios científicos" que suele poner más de uno que no ha leído un estudio científico o el "9 de cada 10 dentistas".

Esto puede llegar incluso a la manipulación o sugestión coercitiva tratando el mensaje de una fuerza superior como forma de credibilidad. Seguro que más de uno se ha ido a pensar a religiones o sectas (Dios dijo que había que hacer esto…), pero también puede ser algo bastante terrenal (toda la gente que vende cursos de negocio bajo la supuesta base de tener, por decir algo, al Tony Robbins o Elon Musk de turno como mentor).

- **Promesa**: una expresión clara y concisa (tal y como hablamos en otros apartados del texto) del beneficio que le presenta al cliente lo que nosotros ofrecemos.

Por ejemplo, en el gremio del Entrenamiento Personal muchas veces los nombres del programa ya son la promesa en sí "abdominales en forma en 90 días" o "tu primera media maratón" no se van por peteneras y te dicen en apenas 5-6 palabras lo que te ofrecen.

- **Refuerzo de promesa**: consiste en añadir una combinación de los otros dos elementos para dar mayor contundencia al mensaje.

Por ejemplo, en el caso de "tu primera media maratón" podemos añadir un refuerzo de promesa del tipo "más de 100 usuarios ya lo han conseguido", reiterando así el mensaje que ha llamado la atención del cliente potencial con un elemento que nos de prestigio o remarque el éxito previo o la garantía de nuestra promesa.

El típico "si no quede satisfecho, le devolvemos su dinero" aunque no indica concretamente la promesa, sí también es un refuerzo de credibilidad importante, demostrando la confianza por parte del vendedor en su promesa.

La forma de comunicación.

Voy a aprovechar otro ejemplo para seguir hablando de cosas que me gustan. Lo siento. Desde niño soy aficionado al wrestling (lucha libre o "Pressing Catch" para los que tengáis una edad) y ahí siempre se ha destacado la importancia del "gimmick" (personaje) como elemento primordial incluso por encima de lo que luego puede ofrecer en el ring. Vamos, que gente poco espectacular en el ring, lo compensa con su personaje y su forma de ser.

Por otro lado, en las sitcoms (series de comedia), siempre destacan los grandes personajes por encima muchas veces de las tramas o situaciones planteadas en un capítulo. Seguro que te vienen a la cabeza muchos ejemplos, anglosajones o latinos, al momento.

Pues bien, no estoy diciendo que te subas a un ring para simular una lucha en la que se acaban haciendo más daño que si se pegasen de verdad (esto ya lo comentaré en otro canal) o que te montes un arquetipo elaboradísimo de personaje, pero sí ten conciencia de que, si eres capaz de darle dimensión y elementos identificatorios a tu contenido, a medio y largo plazo (a veces incluso a corto), tu visibilidad te lo va a agradecer. Y a su vez, tú a tu visibilidad, obviamente.

Tipografías: Hanson Bold, Poppins, Bohemian Sold, Extendia, Soap, Harmond Display.

Trabajar el contraste de colores (buscar paletas). El "rosa y rojo, puñetazo en el ojo".

OTRAS COSAS.

En este apartado vas a ver de forma rápida una serie de conceptos, dudas y contenidos que pueden resultar de interés y ayuda para mejorar tus resultados. Nuestra recomendación es que vayas leyendo e integrando en tu contenido de forma paulatina y a tu ritmo, una vez tengas la estructura y desarrollo básico dominado.

PENSAMIENTOS VARIOS DE SALIDA:

- No desechar Facebook. Cuando esto escribiendo esto vengo con un vídeo de 400.000 visualizaciones. Igual que vengan de Facebook no queda guay
- Cambiar el infoproducto por el KnowHow.
- Es cierto que los vídeos largos los posiciona un poco mejor (no pierdas la cabeza intentando rellenar vídeo).
- La portada del feed tampoco me preocuparía más de la cuenta. Importante poner el título del contenido lo más limpio y claro posible.
- Cuidado con poner subítulos o contenidos de interés en los bordes (zona segura).
- Línea de ojos aproximadamente a 2/3 de la pantalla.
- Los directos sí funcionan para dar visibilidad.

LAS MINIATURAS

Las miniaturas (o portadas) en redes sociales son una herramienta clave para mejorar la visibilidad y el engagement. Si bien su importancia es significativa en todas las plataformas, en YouTube y Facebook se destacan por su influencia directa en el CTR (el porcentaje de gente que clicka en la imagen), mientras que en Instagram juegan un rol más estético y de captación visual rápida.

De hecho, Youtube ya permite hasta probar 3 miniaturas diferentes para ver cuál funciona mejor e incluso automáticamente elige la que va mejor.

¿Cómo funciona?

- A la hora de subir un vídeo tenemos la opción de colocar una portada de forma convencional, desde hace unos meses tenemos la opción "probar y comparar".
- Las pruebas pueden durar hasta 14 días y dependen del volumen de visitas. Especialmente importante con cuentas de gran tráfico donde un 2% más de CTR o de retención puede acabar disparando las visitas (la curva de visualización es más exponencial que lineal).
- En Instagram creo que por la estructura no es tan importante, aunque la debemos trabajar un poco aprovechando aplicaciones como Canva o similares y, especialmente, buscando una imagen armoniosa y unificada.
  - o Una buena estrategia también puede estar en el cambio de títulos y de descripciones para que los bots de cada red social los indexen de forma distinta.

4 TERRITORIOS DE INSTAGRAM:

- **Stories**: los mensajes y estímulos que posiciona el algoritmo son el tiempo de visualización (como no), reaccionar, responder e interactuar.

Las stories que se posicionan primero son las de los usuarios de los cuales vemos más stories, seguido de los que tenemos más interacción finalizando con los que tenemos más cercanía en toda la plataforma.

- **Feed**. Muestran un combinado de muestras que sigues con muestras que no siguen. También el algoritmo hace predicciones para mostrarte algo que pueda gustarte o ser de utilidad.

¿Qué nos ponen Instagram en nuestro feed? Nuestros intereses, posts que sean populares o "buenos" (siempre según el algoritmo), información sobre el usuario que ha subido el post, gente con la que hayamos tenido interacciones.

- **Reels**. El objetivo es dar valor, ya sea entreteniendo, educando o inspirando.

Aquí viene la jugada para aumentar seguidores: la mayoría del contenido que se ponen en el espacio de reels son vídeos de gente que no conocemos o seguimos, pero que el algoritmo detecta que nos aportará valor. Por ejemplo, los vídeos de gatos y mi novia.

- **Exploración**. Nos ayuda a descubrir nuevas cosas que nos puedan interesar, con un sistema de funcionamiento muy similar al de los reels.

PLAN DE CONTENIDOS

Content series y tendencias.

- Ejemplos de series de contenido: un día en la vida, ventajas de X, secretos sobre, productos interesantes para tu nicho, 1 cover al día, 1 poema al día, recomendaciones, respondiendo preguntas...
- Por ejemplo, crear una content serie por mes.
  - XXX parte 1.
  - XXX día 1.
  - XXX haciendo YYY con ZZZ
- Usar los trends para llevarlos a tu territorio y personalidad.
- Las mismas las podemos clasificar en playlists.
- El número de content series no es un número cerrado, dependerá más de la coherencia que tienen entre sí. Tal vez lo más recomendable sería tener entre 2 y 5, pero tampoco hay un número perfecto.
- 85% contenido series y 15% contenido tendencias.

Cosas varias sobre el uso de "trends" (tendencias):

- Tipos de tendencia: las que duran un par de días o semanas, los que duran meses (Golden trends) y los que llegan a durar años convirtiéndose en categorías.
- Fases de tendencia: creación y crecimiento (lo ideal sería colarse en esa fase), mayoría inicial (punto de más repetición) y los rezagados.

- Las tendencias ya no son hacer un playback en tiktok de una canción o un corte de "Aquí no hay quién viva".
- Usar las mismas, pero para llevarlas a tu terreno y que estén relacionadas con tus cuatro Ps.

Objetivos:

- Tener un tema central y luego contenidos ¿satélite?
- Crear un "universo" propio.
- Esto obliga a pasar más tiempo en la plataforma (cosa que a mi, aunque no lo parezca, no me entusiasma). Igual es conveniente usar una newsletter o suscripción por mail.

LA FASE DE SPRINT:

- Fase de sprint. Durante 3 meses nos vamos a desarrollar y poner a prueba los contenidos entregados.
  - Se busca poner a prueba todo lo aprendido y ver qué nos funciona, así como desarrollar o pivotar nuestras 4P, series de contenido, etc.
  - Manejar bien la frustración. No vamos a petarlo (y menos si queremos lanzar un embudo de clientes) en 3 vídeos.
  - Combinar contenido y visibilidad orgánica, pagada y ganada.
    - El tráfico de pago es más que bueno.
    - Realizar una vez que tengas el contenido como lo quieres tener.
    - Segmentar muy bien la publicidad (sí, también lo trabajaremos).
    - Publicitar el contenido o por embudo (sí, también lo trabajaremos).
  - Puedes llevar un registro estadístico de lo realizado.

DUDAS MÁS FRECUENTES.

- **Empieza a dejar de visibilizar los reposteados en TikTok**. En Instagram puede ser un recurso para usar con cierta regularidad (tomando aquellos contenidos que hayan viralizado).
- **Dejar de fusilar contenido de otros**, incluso los propios algoritmos ya descartan el contenido duplicado dentro de sus posibilidades.
- El contenido que publicas es lo que quieres ser y el contenido que te propone el algoritmo es quién eres en realidad.
- **¿Usar como Chat GPT?** Habéis visto vídeos de cursos de crear contenido con Chat GPT y yo creo que es una porquería. No va a tener creatividad ni personalidad, aunque tenga cosas útiles.
  - ¿Para qué lo puedes utilizar? Lo mismo que para Google, pero de forma más rápida: consultar información concreta sobre el tema que quieras trabajar y no tengas muy por mano.
- ¿Usar música o no? Es un plus pequeño, pero significativo. Eso sí, tiene que servir para mejorar el vídeo. Eso sí, siempre añadir la música desde la plataforma, no desde tu edición del vídeo ya que puede dar problemas de copyright.
- ¿Concepto "contenido que trasciende"?
- **No desesperarse y ser ansias con las tendencias**. A veces nos cargamos las 4P de un perfil por intentar viralizar cualquier cosa.

- **Gustar no quiere decir vender**. Ahí es donde entran los embudos o funnels que veremos en otros capítulos.
- **Tener seguidores no garantiza nada**, ya que se puede dar que hayamos conseguido un público lejano a lo que finalmente queremos vender. Por ejemplo, muchos seguidores de Latinoamérica en un gimnasio de Toledo (por decir un sitio).
- **¿Es mejor empezar una cuenta de 0 si la anterior la tengo ya muy "pervertida"?** Por pervertida entendemos una cuenta que llevas utilizando desde hace tiempo y que ha perdido completamente el foco (o simplemente, no lo tenía antes) que quieres llevar actualmente.

Efectivamente, en estos casos, incluso teniendo un número significativo de seguidores, sí suele salir más a cuenta volver a empezar de cero cuidando todos los aspectos que te hemos comentado y, por supuesto, los que vayan surgiendo.

COSILLAS DE FOTOGRAFÍA

Tengo una buena noticia si eres un boomer que se apaña lo justo con las cámaras de fotos: aunque Instagram nació como una aplicación de edición de las mismas, ahora puedes generar mucho contenido de éxito (al nivel y escala que pretendas) sin ser fotógrafo profesional. Es más, se premia mucho la naturalidad o cierta imperfección (keep it cutre, hasta cierto punto).

Eso sí, tener unos mínimos de nitidez en las fotos, colores, etc. pues oye, también suma y ya no sólo por visibilidad, sino por satisfacción personal.

A fecha de hoy son muchas las aplicaciones de teléfonos móviles con configuraciones automáticas de fotos según el espacio en el que estés (retratos, nocturnos, conciertos, deportes, etc.) pero sí que he querido citar los 4 elementos de configuración manual de una cámara de fotos básicos. Porque son importantes y porque tampoco sé muchos más, pero créeme que estos te ayudarán.

- **Velocidad de obturación**: normalmente te saldrá con una fracción (tipo 1/100) y es la duración de entrada de luz para hacer la foto. Duraciones más altas harán que entre más luz (cuidado con "quemar" la imagen) y desdibujará el movimiento, haciendo, por ejemplo, esas fotos en las que se ve una bailarina borrosa como si fuese una animación de su propia coreografía. Por otro lado, obturaciones más rápidas (1/2000 o ya incluso más) congelarán el movimiento y dejarán pasar menos luz, haciendo fotos más nítidas, por ejemplo, en actuaciones de monologuistas.

- **ISO/Sensibilidad**: Marca la luz que "absorbe" la cámara en entornos más luminosos, donde trabajaremos con ISO bajos (te darás cuenta enseguida, vamos) o en lugares oscuros con ISO altos, que aprovecharán mucho más la luz llegando incluso a evitar el flash, eso sí, con una imagen más granulada.

- **Abertura/enfoque**: sería la abertura en este caso de la obturación (viene expresado por una fracción de f/número). Aberturas con el divisor más bajo darán menos profundidad de campo (el fondo más borroso, típico ahora mismo de las fotos perfil retrato) y dividores más altos mantendrán la nitidez en toda la

- **Compensación de la exposición**: con un número que puede ser negativo (con más detalle en las zonas claras) o positivo (con más detalle en las zonas claras).

Si quieres ampliar información sobre detalles básicos de fotografía, te recomiendo "Lea este libro si desea tomar buenas fotografías" de Henry Carroll[3]

---

[3] Carroll, H. (2021). Lea este libro si desea tomar buenas fotografías de lugares. España: Blume.

COSILLAS DE EDICIÓN

Y ahora vamos con varios detalles de la grabación en fotografía en sí que se suelen preguntar con más regularidad.

ILUMINACIÓN

- La mejor luz del mundo es la natural. A mí, el aro de luz que se ha vendido tanto estos últimos años no me mata precisamente. La luz directamente frontal como que tampoco.
- El juego de las 3 luces, si puedes. Tampoco es imprescindible.
- La iluminación de Rembrandt (a 45º y el triángulo de luz en el ojo).
- Posiciones, márgenes.
- Encuadre clásico. Mantener siempre la línea de los ojos (es un error que yo mismo he hecho).

PLANOS, ÁNGULOS Y EFECTOS

- Diferentes ángulos de plano (por ejemplo, plano alto, plano bajo, planos por encima del hombro, diagonales). Salir también de los falsos podcasts y similares.
- Trabajar con zooms. Por ejemplo, iniciales para alimentar la narrativa con zooms rápidos. Usar zooms lentos en planos para réplicas o postear errores,
- Otros recursos como tilts y paneos.

- Crear un universo propio.
- No tengas miedo a probar y no hace falta postear todo lo que grabas. Resérvate el derecho a hacer mierda.

MÚSICA, EXPORTACIÓN DE ARCHIVOS, ETC.

- Música libre de derechos: youtube, artlist y otros.
- Mejora calidad para exportar a Redes Sociales actualmente. 1080 (otra cosa sería Youtube, dicho sea de paso).

EPÍLOGOS Y APÉNDICES VARIOS

Te he querido añadir una serie de contenidos que se salen del orden propio del manual, pero que estoy seguro de que te van a servir, y mucho:

- Estructuras y características de contenido publicitario.
- Deberes y prácticas para hacer con el mismo.
- Plantillas y casos de éxito (y de fracaso).
- Evolución de mis propias Redes Sociales según va avanzando esto.

PUBLICIDAD EN META ADS

La publicidad online ha ganado mucho terreno a la convencional en los últimos tiempos. Gigantes online como Meta (que abarca Facebook, Instagram y WhatsApp), Google o más recientemente Amazon se han encargado de desarrollar motores para una capacidad para segmentar audiencias con una precisión sin precedentes, aprovechando datos demográficos, comportamentales y de intereses (esos datos con los que nos "espían").

Primer clave: podemos segmentar nuestra publicidad incluso por código postal. Por ejemplo, si mi gimnasio está entre los distritos 07004 y 07010 de Palma, no perderé inversión en zonas que se encuentran ya a 2-3 kilómetros de la instalación, con una población a la que le va a interesar muy poco una instalación de barrio que no esté cerca de su casa.

EL ANUNCIANTE TIENE EL CONTROL

A diferencia de las vías convencionales, como la televisión o la radio, Meta ADS permite a los anunciantes medir el rendimiento de sus campañas en tiempo real, ajustando estrategias para optimizar resultados y retorno de inversión.

Cuidado, ahora mismo esta publicidad ya tampoco es un chollo, ya que el precio de los anuncios directamente se subasta (te lo explicaremos en el siguiente número). Esto, combinado con la gran competencia que existe de anunciantes de empresas a todos los niveles, tampoco garantiza el éxito porque sí.

Segunda clave: vamos a seguir el funcionamiento de nuestros anuncios especialmente entre ellos, comparando resultados para ver cuáles consiguen mayor visualización e interacción por el mismo coste.

A TENER EN CUENTA

Vamos a hacer un resumen de los puntos más interesantes para que tu inversión en Meta ADS sea eficiente:

- **Tercera clave: Combinar los diferentes tipos de contenido propios de manera muy similar al imbound marketing** en forma de atracción (con el objetivo de que llame la atención nuestro servicio), conversión (que la gente siga nuestras redes sociales, newsletter, etc), educación ("acompañar" de forma virtual al cliente en lo que puede hacer en nuestro centro), cierre/finalización (una llamada a la venta).
- **Cuarta clave: La segmentación y el algoritmo también influyen cuando pagas publicidad**. Meta se dedica a enseñar tu anuncio a la persona con las características a las que más se ajusta. Pero, igualmente eso también quiere decir que hay anuncios que se posicionan mejor que otros y que, indirectamente, resultarán mucho más baratos para el anunciante.

Podemos segmentar de dos maneras: directamente cuando configuramos el anuncio o con el propio texto, imagen y vídeo del mismo. Por ejemplo, si queremos ofertar un gimnasio en la zona de El Amanecer en Palma de Mallorca, segmentaremos el anuncio en los códigos postales antes comentados, pero también (en modo SEO) pondremos en el texto del anuncio algo del tipo "Vecinos de El Amanecer, tenemos nuevas actividades para ti".

- **Quinta clave**: buscar publicaciones (incluso la cartelería) que genere interacción y visibilidad de una forma agradable. *Al final, un anuncio más atractivo y que genera más ventas generará más clicks o visualizaciones, dos de las formas que tiene Meta de facturar publicidad y, por lo tanto, también nuestro negocio.*

Y qué necesito para anunciarme por Meta ADS.

Vamos a hacer una recapitulación de los más importantes y diferenciales de la plataforma. Desde aquí damos una visión inicial que puedes ampliar muy fácilmente a fecha de hoy en internet.

Página de Facebook e Instagram: hace unos años se separaron los perfiles de Facebook en cuentas personales y páginas de empresa y, por eso, no te puedes publicitar desde una cuenta personal.

Cuenta de administrador comercial (Meta Business Suite): teniendo como mínimo una página, ese es un apartado que incluso tiene una interfaz algo diferente a la que puedes ver como usuario y a la que puedes acceder teniendo…

- **Cuenta publicitaria**: configurar la misma para gestionar y pagar tus campañas.

- **Método de pago**: básicamente, Paypal, tarjeta de crédito o cuenta bancaria.
- **Objetivos de la campaña**: definir los objetivos de tu campaña publicitaria (como reconocimiento de marca, tráfico, conversiones, interacción, ventas, etc.).
- **Audiencia objetivo**: identificar y segmentar a tu audiencia objetivo utilizando las opciones avanzadas comentadas anteriormente.
- **Contenido del anuncio**: imágenes, videos, textos, enlaces y llamadas a la acción. Meta ADS tiene especificaciones y recomendaciones para cada tipo de anuncio.
- **Presupuesto**: ya sea diario o total para tus campañas y decidir cómo deseas distribuir tu gasto a lo largo de la duración de la campaña.
- **Programación**: decidir la duración de tus campañas y programar cuándo se publicarán los anuncios.

Y en cuanto a medición y análisis de los propios anuncios, podemos ver:

- **Impresiones y alcance**: número de veces que un anuncio se visualiza, independientemente de su formato. El alcance es el número de personas diferentes a las que le he llegado.
- **CPM**: coste por cada mil veces que aparece el anuncio.

- **CTR**: número de personas que clickan en el enlace por impresiones siendo el baremo que mide si nuestro anuncio es eficiente.
- **CPC**: muy similar al anterior, nos indica cuánta cuesta cada click.
- **CPL**: aquí indicaría el coste de cada lead o persona que nos deja ya una información de contacto y que está interesada en nuestro segmento.
- **ROAS & ROI**: el retorno de la inversión publicitaria y de la inversión general. Se diferencia del anterior en que también debemos añadir cualquier tipo de coste que ha generado el anuncio, desde pagar al diseñador si lo hay o incluso nuestras horas de trabajo en preparar y analizar los anuncios.

¿Qué tipos de campaña podemos hacer?

Aunque es algo que se puede hacer con una campaña más convencional o incluso analógica, otra de las ventajas que encontramos en Meta ADS es la posibilidad de hacer campañas con objetivos específicos que corresponden con las diferentes fases de la venta.

Porque sí, el objetivo final es vender, pero como marca existe un proceso de desarrollo (los famosos embudos que van saliendo puntualmente en el texto) para que nuestro potencial consumidor llegue a comprarnos.

El manejarse precisamente con Meta ADS hace que, a su vez, también aprendamos y dominemos mejor todas estas fases, por lo que lo considero personalmente más que interesante.

1. Reconocimiento

- **Reconocimiento de marca**: Estas campañas están diseñadas para aumentar el reconocimiento de tu marca entre el público objetivo. El objetivo es llegar a las personas que probablemente recordarán tu anuncio.
- **Alcance**: Este tipo de campaña se enfoca en mostrar tu anuncio al mayor número posible de personas dentro de tu audiencia objetivo.

2. Consideración

- **Tráfico**: Dirige a las personas a una URL específica de tu elección, como una página de destino en tu sitio web.
- **Interacción**: Promueve las interacciones con tus publicaciones, la página de Facebook, eventos o lograr que más personas soliciten ofertas. Las interacciones pueden ser Me gusta, comentarios, compartidos, reacciones, respuestas a eventos, etc.
- **Instalaciones de la aplicación**: Aumenta las descargas de tu aplicación.
- **Reproducciones de video**: Incrementa la visualización de tus videos por parte del público objetivo.

- **Generación de clientes potenciales**: Recoge información de contacto de personas interesadas en tu negocio.
- **Mensajes**: Motiva a las personas a enviarte mensajes a través de Messenger, WhatsApp o Instagram Direct.

3. Conversión

- **Conversiones**: Anima a las personas a realizar acciones específicas en tu sitio web, como completar una compra o registrarse para un evento.
- **Ventas del catálogo**: Muestra productos de tu catálogo a través de anuncios dinámicos para que las personas puedan ver artículos que les interesan.
- **Tráfico en el negocio**: Dirige a las personas a tu tienda física para aumentar el tráfico en tu ubicación.

Estos objetivos te ayudan a alinear tus campañas de Facebook Ads con tus metas de negocio y marketing. Al elegir el objetivo correcto, puedes optimizar mejor tu presupuesto publicitario y alcanzar tus metas de manera más efectiva.

Anatomía del anuncio.

Buscamos una estructura de anuncio que busque la mayor efectividad posible. Nuestro objetivo inicial (y casi principal) va a ser que la persona que está pasando contenido deje de hacer scroll y para a ver tu contenido.

Esto lo vamos a dividir en la parte de imagen o vídeo como principal y, de forma complementaria, con el texto que acompaña a la misma. El texto usará, obviamente, técnicas persuasivas de copywriting que hemos comentado en el tema correspondiente.

- Buscar segmentación.
- Da pereza y lleva tiempo, pero dedicar algo de tiempo a medir resultados es rentable.

Si tuviéramos que definir un objetivo clave de un anuncio es que el potencial cliente vaya superando etapas o fases de nuestro embudo: que gente de nuestro perfil potencial que no nos conozca pase a conocernos, que estas personas se conviertan en seguidores o, mucho mejor, leads y que estos leads se conviertan en clientes reales. Ya sea desde comprar una entrada de teatro a una formación o mentoría de cientos de euros (lo cual también tiene su embudo).

Tipos de anuncios que podemos crear por formato:

Estrategia para anuncios efectivos.

- **Buscar formatos que llamen mucho la atención** (el eye catching) o que se sincronicen completamente con el contenido más orgánico de la plataforma (lo que hemos llamado en otros puntos del texto "formatos nativos").

Ejemplos: imágenes con colores vivos y contrastes, dibujos poco habituales en la plataforma,

- Ojo, que no siempre la disrupción es totalmente lo que más funciona.
- **El contenido más cercando al formato nativo es el que mejor funciona para configurar en stories.**

Traducido: los anuncios que funcionan como stories tienen más posibilidades si están preparados como si fuese una story no publicitaria.

Podemos incluso editar una story en formato imagen que tenga alguno de los elementos propios de las stories (por ejemplo, tarjetas de preguntas y respuestas, etiquetas, etc). Eso sí, a la hora de promocionar la story, tiene que ser una imagen o vídeo limpio.

- **Otro ejemplo que puede usarse puntualmente es la reinterpretación de memes**. Tomar imágenes que hayan funcionado en la Red Social y que puedas reinterpretar de cara a tu negocio. Ojo, puede generar muchos clicks porque llama la atención, pero menor conversión.

Vídeo.

- Los formatos que podemos encontrar en vídeo son bastante diversos y, a mi personalmente, me gustan para trabajar diversas fases de un embudo. ¿Ejemplos? Pues testimonios de clientes, vídeos o publicaciones que hayan funcionado especialmente, extractos del propio contenido que quieres vender. rupturas de patrón o, déjame que insista, formatos nativos.
- Una estructura puede ser arrancar o adaptar un vídeo viral o un meme. Este formato puede ser bastante efectivo para captar la atención, pero tiene un periodo de vida bastante corto (lo que dura el viral, vamos).
- El contenido ideal podría ser utilizar la estructura de un vídeo de contenido (gancho, desarrollo y llamada

a la acción), pero de duración más breve, durante 15-20 segundos y en el que se ataquen los puntos de dolor o necesidades que directamente trabajamos en el producto a vender.

Imágenes.

-   Respetar las imágenes recomendadas en Facebook (1080x1080) y en Instagram modo vertical (como stories, 1080x1920 o formato 9:16 vertical).

A tener en cuenta:

-   **Cuidado con la forma de llamar la atención porque incluso puede generar rechazo en el cliente potencial.** En muchas ocasiones, hacer acciones ridículas o incoherentes con nuestro perfil pueden llamar la atención, pero eso tampoco quiere decir gustar.
-   **Los formatos denominados "nativos"** de las Redes Sociales (lo tienes en el dossier orientado a contenido para Instagram, Tiktok, etc) **también son bastante útiles** en anuncios.

Ganchos

Los ganchos atacan directamente al cerebro reptiliano, el más primitivo e impulsivo de todos que afecta directamente a las emociones. El más visceral, vamos. Esto está presente a fecha de hoy en casi cualquier elemento cotidiano como las compras por impulso del supermercado (chucherías, chocolate, etc).

- Colores vivos y estímulos llamativos.
- Acceso muy fácil (no requieren esfuerzo).

En una segunda fase, si se ha conseguido tener la atención el potencial usuario o cliente, debemos buscar cierta identificación con el cliente tipo que tenemos.

Segmentación:

- **Segmentación directa ADS**. Serán los datos que directamente marquemos en el anuncio, tales como ubicación geográfica, género, rango de edad, gustos, etc.
- **Segmentación SEO**. El propio texto (o "copy") que incluimos con la imagen es leído e indexado por el algoritmo. Además, el tono, lenguaje, estilo, etc. servirá para dirigirse más a un perfil de población u otro.

DEBERES.

Desarrolla en profundidad tu Value Canvas:

TU AUDIENCIA:

- ¿QUIÉN es tu audiencia?
- ¿QUÉ problema tiene tu audiencia?

TU COMPETENCIA

- ¿QUIÉN está solucionando ese problema a tu competencia?
- ¿CÓMO está solucionando ese problema a tu audiencia tu competencia?

TU PROPUESTA

- ¿CÓMO vas a solucionar TÚ el problema de tu audiencia?
- ¿CUÁL va a ser tu factor diferenciador que va a hacer que tu audiencia te elija a ti frente a tu competencia?
- ¿A través de qué posicionamiento vas a aportar valor?EDUCANDO INSPIRANDO ENTRETENIENDO

SIGUIENTE PASO

- Ahora que tienes el Value Canvas hecho y has identificado a tu COMPETENCIA, analiza sus 4Ps.
- Mira a ver qué puntos EN COMÚN tienen en sus 4Ps.
- Elabora tus 4Ps y asegúrate de desarrollar un FACTOR DIFERENCIADOR.

Deberes:

Escoged 5 cuentas de un nicho diferente al vuestro y generad el siguiente plan de contenidos para cada una de esas cuentas:

Deliverables:

- 4 content series (explicados al detalle)
- 2 tendencias adaptadas (las que hemos visto en la clase u otras tendencias que hayáis detectado).

TU ESTRATEGIA DE MARCA EN REDES.

Uno de los puntos que más ganas me hacía añadir en el manual es este: cómo ordenar todas las ideas que puedes encontrar en el texto y en cualquier otro lado, ordenarlas y crear una estrategia de marca útil.

Vamos a intentar descomponer el "alma" (igual me paso de profundo) de nuestra marca personal o empresa en dos partes en las cuales irán cada uno de los elementos de interés basadas en el "qué" y el "cómo".

Estrategia de marca.

Esencia de marca:

- **Propósito**: qué quiero hacer yo con la marca. Por ejemplo, convertirme en un entrenador de referencia en el sector del control de peso.
- **Misión**: qué quiere hacer lo que desarrollo. Por ejemplo, ayudar a personas con sobrepeso y obesidad a mejorar su salud.
- **Visión**: con qué he soñado. Crear el centro que hubiera necesitado yo mismo para ponerme en forma.
- **Valores**: sinceridad, profesionalidad, honestidad y empatía con el cliente.

Posicionamiento.

- **Posicionamiento**: creación de contenidos orientados a Redes Sociales, desarrollo página web con estrategia SEO y contenidos técnicos para publicaciones de blog o revistas.

- **Audiencia**: cualquier persona que quiera acercarse a su peso real y mejorar sus parámetros de salud.
- **Diferencia**: contenido y planificación honesta, partiendo de una situación real y evitando los resultados milagrosos y poco creíbles más habituales en la actualidad.
- **Competidores**: entrenadores personales en redes sociales.

Expresión de marca.

Marca personal: Nombre de mi marca (como podría ser "santiliebanatraining"), un señor mayor disruptivo con la imagen del personal trainer típico de redes sociales con un lenguaje irónico y directo.

Comunicación: comunicación directa combinando contenido orientado a redes sociales (vídeos cortos, carrouseles) con otro más largo (vídeos, artículos) que incluya aporte de valor al usuario.

- **Mensaje**: ponerse en forma no es tan fácil para las personas que no viven para estar en forma,
- **Storytelling**: persona que siempre ha tenido problemas para el control de peso que se ha desarrollado como entrenador para afrontar los mismos para personas que están en su misma situación.

Expresión visual: identidad de marca y presencia de marca.

DEBERES: TU ESTRATEGIA DE MARCA.

Propósito:

RELLENA LOS ESPACIOS CON TU PROPIO CONTENIDO:

_____
_____
_____
_____
_____

Misión:

_____
_____
_____
_____
_____

Visión:

_____
_____
_____
_____
_____

Valores:

_____
_____

Posicionamiento:

RELLENA LOS ESPACIOS CON TU PROPIO CONTENIDO:

_____

_____

_____

_____

_____

Audiencia:

_____

_____

_____

_____

_____

Diferencia:

_____

_____

_____

_____

_____

Competidores:

_____

_____

_____

_____

_____

Comunicación:

RELLENA LOS ESPACIOS CON TU PROPIO CONTENIDO:

_____

_____

_____

_____

_____

Mensaje:

_____

_____

_____

_____

Storytelling:

_____

_____

_____

_____

Nombre y slogans:

_____

_____

Expresión visual:

RELLENA LOS ESPACIOS CON TU PROPIO CONTENIDO:

_____
_____
_____
_____
_____

Identidad de marca:

_____
_____
_____
_____
_____

Presencia de marca:

_____
_____
_____
_____
_____

Marca, personalidad y tono:

_____
_____

EVOLUCIÓN DE SEGUIDORES POR FECHA.

La prueba que quiero poner a modo de epílogo va a ser comprobar directamente si todo lo expuesto aquí sirve o no para mejorar la visibilidad (y las ventas, por supuesto) en Redes Sociales.

Indicaré también los momentos que puedo considerar clave y lo que puede pasar en cada fase a modo de acompañamiento. Por ejemplo, entiendo que las primeras semanas tendrán una evolución más ligera porque no estoy aplicando ni cambiando nada nuevo en mis cuentas, si no que básicamente he redactado las cosas que me funcionan, que sé que funcionan a otros y algunas que quiero plasmar en los próximos meses, especialmente a partir de otoño de 2024.

- **SEGUIDORES A 19 DE JUNIO DE 2024**: 80.027.
- **SEGUIDORES A 28 DE JUNIO DE 2024:** 81.121
- **SEGUIDORES A 11 DE JULIO DE 2024**: 81.572
- **SEGUIDORES A 12 DE AGOSTO DE 2024**: 82.570
- **SEGUIDORES A 18 DE SEPTIEMBRE DE 2024**: 84.348

En este momento hay un paso clave que luego se verá o no si da resultado, ya que con la mudanza tengo espacio suficiente para montar un estudio/set de grabación y tener una infraestructura, digamos, más seria. Agosto es un mes tonto por motivos obvios, pero seguiré actualizando la estadística y añadiendo datos también de visualizaciones (que cuenta lo mismo o más que el número de seguidores).